TRIBUNAL DE LILLE.

Audience du 10 janvier 1834.

~~~~~~

LA NOURRICE

DU

DUC DE BORDEAUX

Nommée à une Perception.

————————◆————————

Peut-on traiter publiquement pour la place de percepteur des contributions? (Rés. nég.)

Disons toutefois, ajoute le publiciste qui rapporte cette cause célèbre : « que dans l'espèce particulière il existe en » faveur du demandeur des circonstances éminemment favo- » rables au système plaidé par son avocat. »

Voici en quels termes M.ᵉ Doyen a fait l'exposé de cette affaire :

« Vous savez tous, Messieurs, les services éminens que le chevalier Bayart a rendus à la branche aînée des Bourbons; si cette dynastie est tombée du trône pour avoir voulu en-chaîner et détruire nos libertés, il faut au moins reconnaître qu'elle a toujours récompensé dignement ceux qui se sont voués à elle corps et biens : c'est ainsi que M. Bayart a été nommé membre de la légion d'honneur, puis, en 1823, garde-

magasin-général des tabacs à Lille; qu'en 1820, M.ᵐᵉ Bayart
a été choisie pour nourrice du Duc de Bordeaux; qu'elle a
obtenu une pension de 1,000 francs sur la liste civile (1); que,
peu de temps après, la place de percepteur des contributions
de la ville d'Armentières étant devenue vacante par la mort
du titulaire, M.ᵐᵉ Bayart demanda et obtint cette place;
mais ne pouvant l'exercer elle-même, parce que les femmes,
bien qu'elles soient habiles à conduire un ménage, quelquefois même, dit-on, un mari, ne sont pas réputées habiles
à percevoir les contributions, elle dut désigner quelqu'un
qui remplirait ces fonctions pour elle, dans ses intérêts : son
choix se fixa sur M. Chardot, son beau-frère.

» Le 21 octobre 1820, elle présente à cet effet à la Duchesse
de Berry une pétition conçue en ces termes :

A S. A. R. Madame, *Duchesse de Berry.*

« Madame,

» Comme vous n'êtes restée sur la terre que pour consoler
» les malheureux, et que vous avez, s'il est possible de le
» dire, fait le sacrifice du père pour nous conserver le fils,
» permettez, Madame, que la nourrice de S. A. R. le Duc de
» Bordeaux vienne réclamer votre puissante protection près
» de S. Exc. le Ministre des finances, pour qu'il veuille bien
» m'appeler à la perception d'Armentières dans la personne
» du S.ʳ Chardot-Bayart, mon frère, ex-officier, demeurant
» à Lille, sur la loyauté duquel j'ai droit de compter pour
» remplir les vues bienfaisantes de V. A. R., si elle daigne se
» rendre à ma prière.

» Je suis, etc.

» F.ᵐᵉ BAYART.

» Paris, 21 octobre 1820. »

(1) C'est par erreur que l'avocat de M.ᵐᵉ Bayart lui attribue cette pension
en 1820, après la naissance du Duc de Bordeaux, ce qui semblerait dire

»Le lendemain, elle en remet une autre au Ministre des finances ; elle s'exprimait ainsi :

A S. Exc. Mgr. le Ministre des finances.

« Monseigneur,

» La mort du S.ʳ Savary, percepteur des communes d'Ar-
» mentières et Erquinghem-sur-la-Lys, département du Nord,
» nécessite son remplacement. Souffrez, Monseigneur, que
» M.ᵐᵉ Bayart, d'Armentières, nourrice du Duc de Bordeaux,
» vienne solliciter de vos bontés cette charge pour le S.ʳ Chardot-
» Bayart, son frère, ex-officier, demeurant à Lille, qui l'exer-
» cera au nom de la suppliante. Si vous daignez y consentir
» en appelant le S.ʳ Chardot-Bayart, sujet tout dévoué au
» Roi (1), vous comblerez tous mes vœux, et j'ose dire que
» la famille royale sera bien aise d'apprendre que le Ministre
» du Roi a fait quelque chose pour la nourrice du Duc de Bor-
» deaux, à qui S. A. R. *Monsieur* n'a point dédaigné de dire
» qu'il la prendrait toujours sous sa protection spéciale.

» Je suis, Monseigneur, etc.

» F.ᵐᵉ BAYART.

» Paris, 22 octobre 1820. »

---

que c'était pour l'indemniser de la nourriture qu'elle donna à ce prince ;
tandis que la vérité est qu'elle reçut cette récompense en 1816, quand
elle n'était point encore mariée, et sur la demande de hauts personnages,
pour des *services importans* rendus à *la France*, disait alors M. le baron
Louis, qui, chose remarquable, signa lui-même, lorsqu'il était ministre
à la révolution de juillet, la révocation du mari de M.ᵐᵉ Bayart, qui fut
destitué pour avoir rendu ces mêmes *services importans*. Oh ! vicissitudes
humaines ! (*Voyez la pièce justificative, page* 17, *lettre A.*)

(1) « Arrive la révolution de 1830 ; alors Chardot se transforme tout-à-
» coup en héros de juillet : il joint ses acclamations aux nôtres (s'écrie
» l'avocat de M.ᵐᵉ Bayart) ; il parcourt les rues d'Armentières en criant :
» *Vive le roi....* des barricades !.... Ah ! quel sujet dévoué !.... » (*Voyez le
plaidoyer ci-après, page* 7.)

1 .

»Le 24, le Ministre fait part au duc de Maillé, premier gentilhomme de la chambre de *Monsieur*, de la nomination de Chardot:

« M. le Duc,

»*Pour me conformer aux intentions* que S. A. R. *Monsieur*, »frère du Roi, a daigné me manifester en faveur de »M. Chardot-Bayart, j'ai nommé cet officier à la perception »d'Armentières, département du Nord. Je vous prie de vou-»loir bien en informer S. A. R.

»Veuillez agréer, etc.

»*Le Ministre Secrétaire d'État des finances,*
»Roy. »

»Le 26, le duc de Maillé écrit à M. Bayart la lettre suivante pour le lui annoncer:

« Aux Tuileries, ce 26 octobre 1820.

»D'après la lettre que vous m'avez remise, Monsieur, au »moment de votre départ, j'ai obtenu de *Monsieur* la permis-»sion de recommander avec instance votre demande au Mi-»nistre des finances. N'ayant point obtenu de réponse, cette »démarche a été suive d'une autre encore plus pressante qui »a amené le résultat favorable que je me trouve heureux de »pouvoir vous annoncer, vous transmettant la lettre du »Ministre.

»Je suis charmé, Monsieur, d'avoir contribué à faire »quelque chose qui vous soit agréable. Chargez-vous, je vous »prie, de mes complimens pour M.ᵐᵉ Bayart, et agréez l'as-»surance des sentimens que je vous ai voués.

»Duc de Maillé. »

»Le 31, le duc de Duras écrit de son côté:

« En arrivant de la campagne, Monsieur, j'ai trouvé votre »lettre, et j'ai appris que la santé de votre femme ne lui avait

»pas permis de continuer une nourriture à laquelle elle atta-
»chait tant de prix, et que les nobles et courageux sentimens
»qu'elle manifesta, ainsi que vous, dans des temps difficiles,
»lui avaient si bien mérité. Cette nouvelle m'a fait une véri-
»table peine. *Le duc de Maillé m'a appris les dédommagemens*
»*qu'on lui avait accordés;* mais quelqu'honorables qu'ils soient,
»je conçois que rien ne peut compenser pour des cœurs
»comme le vôtre, la perte du titre de seconde mère du
»royal enfant, sur lequel reposent les destinées et le bonheur
»de la France (1).

»Recevez, Monsieur, etc.

»Le duc DE DURAS.

»Paris, 31 octobre 1820. »

---

(1) Peut-on disconvenir que si M.ᵐᵉ Bayart n'avait eu un intérêt *per-sonnel* à cette nomination, qu'on lui aurait écrit de toutes parts pour la lui annoncer, au point de lui adresser directement la lettre originale du Ministre des finances, qui donne à connaître à *Monsieur « que pour se conformer à ses intentions,* il avait nommé le S.ʳ Chardot à la perception d'Armentières? » Du reste, M.ᵐᵉ Bayart, dont toutes les actions de la vie sont si honorables, elle à qui l'histoire consacrera des pages qui la feront admirer par toutes les opinions, par tous les partis, pour toutes ses vertus faites pour honorer son sexe, serait-elle capable d'en imposer? M. le comte Roy, qui a signé le brevet, répondrait pour elle : il est encore là pour dire que lorsque cette dame fut admise dans son cabinet pour lui demander cette perception, qu'il s'y refusa sans hésiter, en objectant à la suppliante que son protégé n'avait aucun droit pour obtenir une pareille charge, qu'il réservait pour des employés supérieurs des finances qui avaient blanchi sous le harnais. Mais quand il sut que ce n'était point pour Chardot (qui n'avait aucun service à faire valoir), mais bien pour la nourrice du Duc de Bordeaux, qui d'ailleurs méritait à beaucoup d'autres titres la reconnais-sance du Gouvernement, S. Exc. ne balança pas de lui donner cette place, et à se prêter à un arrangement sans lequel il lui était impossible d'acquitter au nom du Roi, dont il était le Ministre, la dette que S. M. avait con-tractée envers elle, quand il lui dit en présence de son conseil (dont M. le baron Louis faisait partie) *qu'elle saisirait avec plaisir une occasion de recon-naître ses importans services. (Voyez les pièces justificatives, page 17.)*

Après ces explications, M.ᵐᵉ Bayart fut invitée par le Ministre à lui

»Le 1.ᵉʳ novembre, lors de son entrée en fonctions, Chardot
souscrivit le traité suivant, en faveur de M. et M.ᵐᵉ Bayart :

« Je soussigné, Pierre-Ange Chardot, marchand à Lille,
»après avoir pris lecture à mon apaisement de la lettre
»de S. Exc. le Ministre des finances, en date du 24 octobre
»présente année, adressée à Mgr. le duc de Maillé, premier
»gentilhomme de *Monsieur*, frère du Roi, par laquelle on in-
»formait S. A. R. que, pour se conformer à ses instructions,
»on venait de me nommer percepteur à Armentières; vu
»aussi la lettre de M. le duc de Maillé, adressée à mon frère
»Bayart, de la part de Mgr. le Comte d'Artois, qui me
»donne à connaître que cette place a *été donnée à mondit*
»*frère ; et que si cette perception a été mise en mon nom, cela n'a été*
»*que par convenance, à cause de l'incompatibilité des fonctions de*
»*percepteur, d'avec celles de notaire que mon frère exerce déjà.* En
»conséquence, je déclare *expressément* que j'exercerai la per-
»ception comme si mon frère était lui-même titulaire ; et,
»pour le récompenser de la faveur qu'il m'a accordée de me
»faire nommer, je m'engage à lui payer solidairement, avec
»mon épouse, aussi soussignée et à ce autorisée, une somme
»de 1,200 francs annuellement, sans aucune retenue quel-
»conque, *sous quelque prétexte que ce soit*, soit pour frais de bu-
»reau, de recette ou de versemens, et ce à dater du jour de
»ma nomination. Il est, au surplus, convenu que tout le
»produit des recettes pendant la première année sera aban-

laisser le nom de celui qu'elle désignait pour être titulaire, et elle eut le
malheur d'écrire celui de Chardot !....

M. le comte Roy existe encore, et si le bruit de ce procès retentissait à
son oreille, il ferait vibrer son cœur ; il viendrait au secours de l'innocence
indignement trahie, et sa déposition, qui serait l'expression de la vérité
même, serait fatale à l'ingratitude. Qui pourrait nier un témoignage aussi
respectable? Chardot?.... Mais quelle confiance pourrait-on avoir aux
dires d'un homme tel que lui, que le Procureur du Roi a qualifié de *malhonnête, de déloyal, d'ignominieux?....* (*Voyez le réquisitoire du Ministère
public ci-après.*)

»donné sans aucune réserve à mondit frère, outre une
»somme de 5oo francs que je m'engage à lui payer dans les
»premiers trois mois qui suivront la seconde année de mon
»entrée en exercice (cette dernière somme fut laissée à
»Chardot); tous cautionnemens et garanties exigés par l'État
»pour sûreté de la gestion seront fournis par moi.

»Il est expressément conditionné que je ne pourrai dis-
»poser de la perception sans le consentement de mon frère,
»et que s'il arrivait que je fusse destitué pour malversation
»ou mauvaise gestion seulement, dans ce cas, la rente annuelle
»de 1,2oo francs sera continuée pendant ma vie durant.

»Ce accepté par moi Charles - Augustin - Joseph Bayart,
»aussi soussigné.

»Fait en double, audit Armentières, le 1.er novembre 1820.

»*Signés*, CHARDOT, F.me CHARDOT,

»C.-A.-J. BAYART. »

»Chardot paya exactement pendant dix ans la somme
stipulée dans ce traité; mais arrive la révolution de 183o,
alors Chardot se transforme tout-à-coup en héros de juillet,
il joint ses acclamations aux nôtres (s'écrie M.e Doyen), il
parcourt les rues d'Armentières en criant *vive le Roi!*.... des
barricades !.... et bientôt Louis-Philippe sanctionne ce que
Charles X avait fait : sa place lui est conservée.

»Apparemment il s'imagina que notre révolution devait
avoir pour effet de le dégager de ses obligations, car, à
partir de cette époque, il ne voulut plus rien payer. Avant
de faire connaître publiquement une conduite aussi déloyale,
M. Bayart voulut l'éclairer sur les conséquences de son refus.
Le 21 juin 1831 il lui écrivit une lettre pleine d'intérêt et
de sentiment; en voici quelques passages :

« Mouveaux, le 21 juin 1831.

»Si j'ai différé jusqu'aujourd'hui, mon cher Chardot, à
»répondre à votre lettre du 16 courant, c'est que j'ai voulu

» laisser au temps le soin de diminuer les fâcheuses impres-
» sions que j'en ai ressenties et ne point écrire sous l'influence
» de ma juste indignation pour faire ressortir une conduite
» aussi déloyale. Quoi! c'est quand je suis frappé de la plus
» grande infortune, c'est au moment où on m'enlève le pain
» nécessaire à mes enfans, et le crédit qui a servi à mettre
» en vos mains un titre que vous n'eussiez jamais eu si je ne
» vous avais désigné, que vous venez *arguer* de vos droits,
» dites-vous, pour vous emparer d'un dépôt sacré que nous
» vous avions confié; car vous devez en convenir, Chardot,
» vous savez que la perception dont vous êtes titulaire a été
» donnée à ma femme et pour ma femme, qui fut autorisée
» d'indiquer la personne digne de sa confiance pour la des-
» servir, sauf à nous entendre avec elle. Cela résulte, comme
» vous le savez, de votre commission, de la lettre du Ministre
» des finances dont je suis possesseur, ainsi que de notre
» traité même; et d'ailleurs ce qui le prouverait encore en
» l'absence de tous ces documens, accablans pour vous, c'est
» par le fait même que vous êtes titulaire et de vos proposi-
» tions que vous osez bien me faire, quand, profitant de la
» position où notre confiance vous a placé, vous sautez des
» barricades sur notre fauteuil pour usurper des droits qui
» ne vous appartiennent pas. Ainsi donc rétablissons nos po-
» sitions respectives.... le lendemain de la révolution de 1830,
» qu'étiez-vous? percepteur *par nous et pour nous*; or, depuis
» lors, avez-vous été maintenu dans votre charge en récom-
» pense d'une action d'éclat dans les glorieuses journées, ou
» simplement à titre d'*occupant déjà?*

» Certes, vous n'auriez pas, je pense, la prétention de
» passer pour un héros de juillet : ainsi vous êtes forcé de
» convenir que vous n'avez été conservé que parce que vous
» y étiez; que, bien certainement, on ne vous eût pas gratifié
» de cette perception, si je ne vous y avais placé. — Mais
» admettons pour un moment que vous ayez puissamment

» contribué au renversement de l'ancienne dynastie, ce qui
» vous donnerait des droits incontestables à des récompenses
» nationales, et que, pour en tenir lieu, on offrît à votre
» femme une charge avec la faculté de désigner, pour l'ex-
» ercer, un de vos frères, dans la loyauté duquel vous
» puissiez trouver toute garantie pour l'exécution de ses en-
» gagemens; que diriez-vous et comment qualifieriez-vous
» ce frère à qui vous auriez, par un sentiment de bienveil-
» lance, abandonné plus des deux tiers du lucre, si, profitant
» d'une révolution qui renverse ses anciens bienfaiteurs, il arra-
» chait son traité et venait dire ensuite d'un ton stoïque : « Il est
» vrai que c'est à vous que je dois l'état honorable que je tiens
» aujourd'hui, mais vous êtes tombé avec vos maîtres, je suis
» vainqueur.... vous êtes vaincu, je veux vous achever, je ne
» vous dois plus rien! Meure ta femme! meurent tes cinq en-
» fans! meurs toi-même et emporte vite dans la tombe les
» lambeaux de ta misère, qui sont autant de témoins qui
» bourrèlent ma conscience et qui déposent de mon igno-
» minie! » Que diriez-vous de ce frère? répondez; du reste
» (soit dit en passant), à peine étiez-vous installé, que j'ai con-
» senti à ne recevoir que 1,000 francs que vous me deviez, et
» bientôt, par un excès de générosité, j'ai réduit à 900 francs,
» que vous m'avez toujours remis en grognant des mots quasi-
» reconnaissans, quasi-hostiles. Enfin, foulant aux pieds toute
» pudeur, vous osez bien vous oublier jusqu'à écrire de votre
» main : « *Que je sais mieux que vous ce que la loi autorise et ce*
» *qu'elle défend; que je sais que l'acte que vous avez signé est*
» *illégal.* » Et plus loin vous ajoutez : « *Aussi le législateur a-t-il*
» *bien prévu toutes ces transactions sur place, c'est pourquoi la loi les*
» *défend.* » Et vous concluez par me jeter 500 francs par an sur
» 3,600 francs que votre recette vaut aujourd'hui. A ces con-
» ditions, dites-vous (si je veux les ramasser), nous main-
» tiendrons toujours la bonne harmonie entre nous et nos
» enfans, et par cette acceptation franche et loyale, on

»évitera le désagrément pour l'un et l'autre des discussions
»publiques. Je conçois bien que vous devez craindre que
»votre conduite soit mise au grand jour; car si elle était
»connue, vous seriez repoussé par tous les hommes de quelque
»opinion qu'ils fussent; tous s'indigneraient de voir remplir
»des fonctions publiques par un homme qui oublie que ce ne
»sont pas les lois qui font la morale, mais bien l'honneur
»qui fait la loi : ainsi, si c'est par intérêt que vous tenez à votre
»place, je vous conseille, pour la conserver, de tenir à l'hon-
»neur; car vous devez croire que le Gouvernement, instruit
»de votre manége, ne pourrait vous souffrir parmi les nom-
»breux employés qui, placés comme vous dans la même caté-
»gorie, n'invoquent pas pour cela le bénéfice de la loi en
»manquant à leurs engagemens d'honneur envers la veuve ou
»l'orphelin, ou, ce qui serait encore plus indigne, envers
»son bienfaiteur, et son bienfaiteur malheureux!

    »Si ce que je viens de vous dire, mon cher Chardot, ne
»vous tire point encore de votre aveuglement, consultez les
»Dibos, les Pigale, les Balde, les Bonnier, les Dangremont,
»les Dujardin de Lille, la malheureuse famille Carion qui
»paie encore 3,000 francs de rente à l'ancien titulaire, quoique
»n'exerçant plus; et que vous dirai-je? consultez toute
»la terre; vous verrez s'ils traitent d'illégaux, de nuls et con-
»traires à la loi, des actes qui sont d'autant plus sacrés pour
»eux, qu'ils reposent tous sur l'honneur qui est, comme je
»vous l'ai entendu dire quelquefois, *une île escarpée et sans*
»*bords, etc.*

    » Quoi qu'il en soit, je veux bien croire que tous sentimens de
»délicatesse ne sont point bannis de votre cœur, et que vous
»ne vous obstinerez pas à courir à votre perte, en persévérant
»dans les propositions que vous me faites, qui auraient pu
»être moins sévèrement jugées, si vous aviez eu le courage
»de me les proposer avant que nos armes eussent été brisées
»dans nos mains, que vous m'eussiez compté au nombre des

»vaincus, sur lesquels il n'y a pas grande gloire à se ruer,
»surtout lorsqu'ils sont subjugués, qu'ils ont perdu protec-
»teurs, fortune, avenir et repos. Cependant, pour vous prouver
»combien je tiens à fermer le précipice qui s'ouvre sous vos
»pas, et pour effacer jusqu'à la moindre trace de discorde,
»je veux bien consentir à la nomination d'arbitres, devant
»qui nous exposerons nos droits, au jugement desquels je me
»soumets d'avance, dussé-je tout perdre.

»Je vous laisse avec vos réflexions; puissiez-vous être en
»bonne compagnie!

> » Votre tout dévoué frère,
>
> » *Signé*, BAYART. »

»Cette lettre n'ayant produit aucun effet sur l'esprit du
S.ʳ Chardot, M. Bayart dut l'assigner devant les tribunaux
pour le contraindre au paiement d'une dette que l'honneur
lui faisait un devoir de ne pas méconnaître.

»J'attendrai, dit M.ᵉ Doyen en terminant cet exposé, les
moyens que mon adversaire présentera à l'appui de sa défense
pour y répondre. »

M.ᵉ Brielman prend la parole pour le S.ʳ Chardot.

Dans une plaidoirie rapide, il soutient que le traité passé
entre Chardot et Bayart est nul, comme contraire à la loi,
à la morale et à l'ordre public.

« Une personne, dit-il, ne peut spéculer sur la faveur, sur
le crédit dont elle jouit à la Cour; il ne lui est pas permis,
pour s'enrichir, de se livrer à un trafic scandaleux sur les
places.

»Ce qui avait lieu sous Charles X, ne se voit plus sous
Louis-Philippe; *aujourd'hui toutes les places sont données au mérite. Il faut avoir rendu de véritables services pour les obtenir* (1). »

---

(1) Quels sont, s'il vous plaît, les véritables services de cet homme de
mérite? de,........ *cet arabe corsaire,*

Injuste, violent, sans foi, double faussaire,

L'avocat lit une lettre du 15 octobre 1820, écrite par Bayart à Chardot, de laquelle il résulte que l'arrangement était convenu avant la nomination :

« Je viens de recevoir, mon cher Chardot, dit Bayart, ta » lettre du 12 ; je ferai volontiers ce qui dépendra de moi » pour faire réussir cette affaire ; mais cependant je te pré- » viens que Sophie ne demandera la place pour toi, qu'à » *condition* que tu lui répondes courrier par courrier si tu veux » consentir, en cas de réussite, à ne rien toucher de cette » perception pendant la première année, ensuite à t'engager » à nous payer annuellement une somme de 1,200 francs » pendant ta vie durante : si tu souscris à cette condition, » nous la demanderons au Comte d'Artois *pour nous*, c'est-à- » dire pour toi et sous ton nom ; mais *il saura bien, en te l'ac-* » *cordant, que ce n'est pas pour d'autres que pour Sophie, qu'il veut* » *protéger spécialement.*

» Tu ne seras pas étonné si je te fais ces propositions, quand » tu sauras que nous avons dû renoncer à d'autres projets que » nous avions, pour demander au prince (M. le Comte d'Ar- » tois) quelque chose pour nous ; quand tu sauras que nous » avons fait en ta faveur le sacrifice d'une autre demande pour » ne nous arrêter qu'à celle qui pourrait t'être avantageuse (1).

Qui

Ne sait point sottement faire le généreux,
Qui s'engraisse si bien du suc des malheureux ?

(Boileau.)

(1) Oui, Bayart a fait en votre faveur le *sacrifice d'une autre demande*, et si la vérité pouvait sortir de votre bouche, vous diriez que vous savez que, peu de temps après votre nomination, M. votre frère vous instruisit qu'il allait demander une place fort à sa convenance et qui lui était pro- mise depuis long-temps ; mais que vous l'avez engagé à n'en rien faire, dans la crainte qu'en compensation on ne vous eût retiré le brevet qui vous assurait 100 louis de rente, quoique vous ne fussiez là qu'à titre de mandataire ; vous diriez *qu'alors, comme alors* Bayart fit le sacrifice de la fortune de ses enfans pour obliger un ingrat. Voilà ce que Chardot devrait

» Si ce projet te convient, il faut envoyer par le retour du
» courrier la reconnaissance ci-jointe :

« *Je soussigné*, Chardot-Bayart, *marchand à Lille, déclare*
» *reconnaître que mon frère* Bayart, *notaire à Armentières, a*
» *renoncé à demander à S. A. R. M. le Comte d'Artois sa*
» *puissante protection pour lui, afin de m'en faire jouir exclusive-*
» *ment, en le suppliant d'apostiller favorablement ma demande ten-*
» *dant à obtenir la recette des contributions directes d'Armentières ;*
» *que cet acte de générosité de la part de mon frère ne doit point*
» *nuire à ses enfans,* auxquels *il doit penser de* leur *assurer un sort ;*
» *considérant qu'en abandonnant ses projets de solliciter pour lui,*
» *il renonce en quelque sorte à la fortune que la famille royale daigne*
» *assurer à la nourrice du Duc de Bordeaux ; en conséquence, pour*
» *dédommager M.*me Bayart *du sacrifice qu'elle fait aujourd'hui*
» *en ma faveur, en renonçant à demander pour elle des marques de*
» *bonté des princes et de l'illustre mère de son auguste nourrisson,*
» *je déclare remettre à mon beau-frère* Bayart, *dans le cas où je*
» *sois nommé percepteur d'Armentières, la somme de 3,000 francs*
» *dans les quinze mois qui suivront ma nomination, et ensuite celle*
» *de 1,200 francs annuellement à dater de l'expiration de la première*
» *année d'exercice.* »

» Aux Tuileries, le 15 octobre 1820.

» *Signé*, Bayart.

» *P. S.* Envoie-moi aussi, mon cher Chardot, cette pièce
» de suite, *avec tes noms.* Pendant ce temps, Sophie, qui est
» toujours dans les appartemens du Duc de Bordeaux, et
» qui est près des princes, tâchera de les préparer à ce qu'ils
» retiennent leur recommandation pour la *personne qu'elle*
» *présentera.*

---

dire pour être vrai s'il était interrogé ; mais à quoi bon interpeller un parjure ?
(*Voyez les réflexions du Procureur du Roi à la page* 27, *à cet as-*
térique [*]).

»Tout va bien.... Sophie a eu un médaillon en brillans
»d'une très-grande valeur, et puis.... et puis.... etc (1)»

»Vous le voyez, Messieurs, continue l'avocat de Chardot,
tout était entendu, convenu à l'avance entre Chardot et Bayart (2).

»Les articles 1108, 1128, 1131, 1133, 1598 du Code civil
annullent suffisamment ces sortes de traités, en déclarant qu'il
n'y a que les choses qui sont dans le commerce qui puissent
être l'objet de conventions.»

L'avocat cite cinq arrêts de Cours royales qui consacrent
cette doctrine; il s'appuie aussi de l'autorité de M. Toullier,
et termine par le passage suivant de cet auteur :

« Le Roi nomme gratuitement aux offices civils les sujets
qu'il croit les *plus dignes* (3) de les remplir; il ne peut les
faire régir par des agens ni par des fermiers (art. 57, 58 et
63 de la Charte constitutionnelle de 1814); ceux qui sont
promus à ces offices ne peuvent en faire l'objet d'aucune
convention faite, soit avec des titulaires, soit avec des tiers;

---

(1) En ajoutant ce *post-scriptum,* M. Bayart fait voir qu'il avait lu
l'*Épître à Mon Habit,* de Mercier, dans l'*Habitant de la Guadeloupe;* qu'il
avait apprécié ce second Figaro *qui respecte le matin qui devait l'enrichir le
soir;* il fait connaître par-là qu'il avait déjà mesuré la taille de son beau-
frère qui se fait petit pour de l'or, et qu'il n'accepterait sa succession que
sous bénéfice d'inventaire : voilà pourquoi M. Bayart s'est fait voir à la sor-
didité de ce frère ingrat, riche du présent, et plus riche encore de l'avenir.
(Ce n'était qu'une fiction.) Ce ne fut, on le sent, que pour obéir à un sentiment instinctif qui lui criait :

Voulez-vous être sûr de sa reconnaissance?
Maintenez-le toujours dans votre dépendance.

(2) Quand on entend faire cette reconnaissance solennelle par l'avocat
du défendeur, n'est-on point autorisé à dire que, placé entre sa conscience
et les devoirs de son ministère, cet officier invoque bien la loi civile en faveur
de son client, mais qu'il se joint à nous pour l'anathématiser?

(3) Et c'est un *indigne*! (*Voyez le réquisitoire du ministère public et les con-
sidérans du jugement.*)

par exemple : avec un homme en crédit pour faire, moyennant un prix, obtenir la nomination du Roi. Si la place n'est pas l'objet direct du contrat, elle en est l'objet indirect ; une pareille négociation, outre qu'elle aurait pour objet une chose hors du commerce, serait contraire à l'ordre public, elle blesserait la majesté royale, elle tendrait à faire semer de piéges les avenues du trône, à dérober au Monarque le mérite vrai, mais modeste, qui dédaigne toujours de tels manéges (1). »

Dans une réplique animée, M.ᵉ Doyen repousse à son tour les moyens plaidés par son adversaire : « Si vous aviez, disait-il, à juger la question du procès telle qu'elle a été indiquée par l'avocat du S.ʳ Chardot, peut-être la solution serait-elle plus difficile qu'elle ne doit l'être en effet; selon lui, vous devez décider si un individu peut spéculer sur toutes les places du Gouvernement, s'il peut les vendre, s'il peut ainsi, accumulant richesses sur richesses, devenir l'un des plus hauts et des plus puissans seigneurs de l'État.

» Mais ce n'est pas en termes aussi vagues, aussi généraux,

(1) Qui a blessé la prérogative royale? Certes, on ne peut dire que c'est M. ᵐᵉ Bayart, qui n'eût point été plus capable d'*intriguer* ou de *trafiquer* en cette circonstance qu'à une autre époque de sa vie, comme on le verra tout-à-l'heure (*voyez le certificat page 17, lettre A*); où elle avait à sa disposition plus de deux millions que le Roi lui avait confiés. N'est-il point prouvé que c'est S. M. Charles X qui a imposé lui-même à M.ᵐᵉ Bayart *l'obligation,* en lui offrant cette perception, de lui indiquer une personne, pour qu'il puisse à son tour la désigner au Ministre des finances? C'est ce qui fut fait; et ce qui le prouve, c'est la lettre qu'écrivit M. le comte Roy, le 24 octobre, rapportée plus bas, où il dit :.

» *Que pour me conformer aux intentions* que S. A. R. *Monsieur,* frère du Roi, » a daigné me manifester, j'ai nommé le S.ʳ Chardot à la perception, etc. »

En présence de pareilles pièces, de faits tout *particuliers,* et surtout de la noble pauvreté de la nourrice d'*un Roi,* qui a été en si bonne position pour *intriguer* et *s'enrichir,* peut-on après cela invoquer l'opinion de M. Toullier, qui n'est point du tout applicable à cette cause ?

qui ne précisent rien, que la question doit être posée; ici, elle est toute spéciale; elle résulte des faits, elle en est la conséquence.

»Un citoyen a rendu à l'État des services importans, le Roi veut l'en récompenser; une place est vacante. « Vous »l'avez méritée, lui dit-il, par votre courage; vos talens et »vos vertus vous rendent digne de la remplir : je vous la »donne; mais si, par des motifs particuliers, vous ne pouvez »l'occuper vous-même, désignez-moi un successeur, traitez »avec lui, je le nommerai. »

»Et l'on viendra prétendre que le *lendemain* de sa nomination, le titulaire pourra réclamer la nullité du contrat sur le motif qu'il est *illicite, immoral, contraire à l'ordre public!* et les tribunaux écouteraient ce langage; ils sanctionneraient une telle doctrine! Non, Messieurs, ce qu'il y a d'*illicite* dans la cause, c'est de demander la nullité d'un traité fait de bonne foi; ce qu'il y a d'*immoral*, c'est de repousser une réclamation légitime par des moyens réprouvés par la conscience et par l'honneur; ce qu'il y a de *contraire à l'ordre public*, c'est de vouloir annuler un acte émané de la volonté du Souverain et fait par lui dans la limite légale de ses attributions. Si je prouve que les époux Bayart avaient mérité la munificence du Chef de l'État; si je prouve qu'il voulait les récompenser, qu'il les a autorisés, au moins tacitement, à lui présenter un successeur, à traiter avec lui, j'ai, par cela même, démontré la validité du traité qui, selon moi, ne peut pas être plus attaqué que la nomination elle-même.

»Parlons d'abord des droits de M. et M.ᵐᵉ Bayart à la faveur royale. En 1815, Bayart fait le voyage à Gand, où Louis XVIII s'était réfugié avec le Roi des Français, après le retour de l'île d'Elbe de l'empereur Napoléon; et lui offre une somme de 500,000 francs. Touché d'un désintéressement si rare, le Comte d'Artois lui donne par écrit les pouvoirs les plus étendus; il l'autorise à parler et à agir au nom du Roi.

»Cette pièce historique, entièrement écrite et signée de
la main de Charles X, est ainsi conçue :

« J'autorise M. Bayart à parler au nom du Roi, et on doit
»prendre une entière confiance dans tout ce qu'il dira de ma
»part pour le service de Sa Majesté.

»Gand, 16 avril 1815. »CHARLES-PHILIPPE. »

»Peu de temps après M.ᵉˡˡᵉ Dewitte, qui depuis est devenue
l'épouse de M. Bayart, se rendit à Lille, chez le général
Lapoype, qui y commandait au nom de l'Empereur, et,
simple bergère, nouvelle Jean d'Arc, elle le sommait de
remettre dans les mains du Roi cette place importante. « Si
»je ne considérais votre sexe, lui répondit le vieux général,
»je vous ferais fusiller à l'instant, et le bruit de la mitraille
»apprendrait à vos parens que vous n'existez plus. »

»Voici encore une attestation signée par de grands personnages du temps, et qui constate cette vérité :

(A) « Nous soussignés, certifions que M.ᵉˡˡᵉ Sophie Dewitte,
»de Neuville-en-Ferrain, arrondissement de Lille, départe-
»ment du Nord, sujette fidèle de son Roi, a été l'exemple du
»dévoûment le plus signalé pendant l'interrègne. S. Exc.
»Mgr. le duc de Feltre et M. le comte de Beurnonville ayant
»reconnu qu'aucune considération d'intérêt personnel ne
»pouvait arrêter son zèle, et qu'elle avait vingt fois exposé
»sa vie pour la cause sacrée des Bourbons, n'hésitèrent pas
»à lui confier les missions les plus délicates, les plus péril-
»leuses, mais les plus honorables, près du général Lapoype,
»commandant la ville de Lille, afin qu'il rendît à son Sou-
»verain légitime une ville fidèle dont la reddition aurait
»évité à la France de grands maux. Son zèle infatigable lui
»faisait entreprendre tout ce que lui suggérait le plus noble
»dévoûment. Elle hâta, après l'entrée du Roi en France, la
»reddition de Lille, se rendit plusieurs fois à Cambrai et à
»Roye, où elle eut le bonheur d'être présentée à Sa Majesté,

2

»qui daigna lui adresser les paroles les plus flatteuses et lui
»dire (en présence de toute sa Cour, dont MM. de Talleyrand
»et Guizot faisaient partie) *qu'elle saisirait avec plaisir une occa-*
»sion de reconnaître ses importans services.

»Le département du Nord, témoin de ses actions et qui
»admire encore le courage qu'elle a montré et son dévoû-
»ment à la famille régnante, *se croira récompensé* dans Melle De-
»witte (Sophie), si Sa Majesté daigne répandre sur elle
»ses bienfaits, et nous estimons qu'il est de toute justice
»qu'une pension lui soit accordée, en la recommandant vi-
»vement à l'équité des Ministres du Roi.

»En foi de quoi nous lui délivrons le présent certificat
»pour lui servir ce que de besoin.

»Paris, 29 juillet 1816.

> » Le Comte DE ROCHECHOUART, *Chef de l'État-*
> *»major du Ministre de la guerre à Gand, et*
> *»maintenant Commandant le département de la*
> *»Seine et la place de Paris.*

> » Le Baron DE KENTZINGER, *Sous - Chef de*
> *» l'État-major du Ministre de la guerre à Gand,*
> *»Secrétaire militaire de* Monsieur, *et Secrétaire*
> *» du Comité des Inspecteurs-généraux des Gardes*
> *»nationales du royaume.*

»Paris, 31 juillet 1816. »

« Le soussigné, en sa qualité de Député du Nord, con-
»naissant Melle Sophie Dewitte, de Neuville, et ayant été à
»même de vérifier sur les lieux la conduite honorable qu'elle a
»tenue pendant l'interrègne, et la haute estime dont elle
»jouit dans son département, prend la liberté de la recom-
»mander, avec la plus vive instance, à M. le Directeur de
»la Maison du Roi.

»Lucienne, 1.er avril 1816.

> » Le Marquis DE LA MAISON-FORT,
> *» Intendant du domaine extraordinaire.* »

« Le Maréchal-de-camp commandant la 1.ʳᵉ brigade d'in-
» fanterie de la garde, 2.ᵉ division, etc., Membre de la
» Chambre des Députés, a trop entendu parler du noble
» dévoûment de M.ᵉˡˡᵉ Sophie Dewitte, pour ne pas la re-
» commander bien particulièrement. Lui accorder ce qu'elle
» a si bien mérité, sera récompenser les royalistes du Nord.

» Vicomte CHARLES DE BÉTHISY. »

« Le Lieutenant-général commandant la 2.ᵉ division d'in-
» fanterie de la garde royale, ayant été témoin, dans la
» 16.ᵉ division militaire, du zèle admirable de M.ᵉˡˡᵉ Sophie
» Dewitte, et connaissant *les services importans qu'elle a rendus*
» *à la cause du Roi*, croit devoir la recommander instamment
» comme une des personnes *les plus dignes* des bienfaits de Sa
» Majesté (1).

» *Signé*, le Comte DE BOURMONT. »

» Le *Journal des Débats* du 18 octobre 1820 rend compte
d'une manière assez curieuse des faits que je viens de citer.

« M.ᵐᵉ Bayart, dit ce journal, qui s'était offerte et avait
» été acceptée et choisie parmi un grand nombre d'autres
» pour être la nourrice de Mgr. le Duc de Bordeaux, et qu'une
» indisposition passagère, fruit peut-être (elle fut empoi-
» sonnée) de son excessive sensibilité, a empêché de conti-
» nuer une fonction qui lui était si honorable et si chère,

---

(1) Ce certificat aurait pu être couvert, si M.ᵉˡˡᵉ Dewitte l'eût désiré,
de beaucoup d'autres signatures, de personnages les plus haut placés, et
particulièrement de celle de M. le baron Louis, qui, dans sa sollicitude
pour cette demoiselle extraordinaire (disait-il alors), « s'y est refusé, à cause
« qu'il était en disgrâce et qu'il craignait que son nom ne lui nuisît ; mais
« qu'il était prêt cependant à signer tout ce qu'elle voudrait, si des obser-
« vations toutes bienveillantes n'étaient point envisagées de la même
« manière par M.ᵉˡˡᵉ Sophie. »
Cet ex-Ministre existe encore, il pourrait au besoin attester cette circonstance.

»quitte aujourd'hui le Château des Tuileries et retourne à
»Armentières avec son mari, notaire dans cette ville. Son
»départ a été précédé de *faveurs singulières* (1), accordées
»moins encore à celle qui eut le bonheur d'allaiter un mo-
»ment le précieux enfant, joie et espoir de la France, qu'à la
»royaliste ardente et courageuse qui, pendant les cent jours,
»âgée seulement de vingt ans, et point encore mariée, se
»dévoua à la cause royale, protégea plusieurs serviteurs du
»Roi contre leurs ennemis, correspondit à Gand avec les
»personnages les plus illustres et les plus fidèles, négocia
»même la reddition d'une place forte, et, par conformité
»de sentimens, unit ses destinées à celle d'un bon Français,
»qui, à la même époque, donnait des preuves non moins
»signalées du même dévoûment, et apportait à Gand aux
»pieds du Roi une somme de 500,000 francs, offerte par lui
»et par quelques royalistes du département. *Monsieur* lui a
»fait présent d'un superbe médaillon d'une très-grande
»valeur; et ce qui en rehausse le prix, c'est qu'il contient des
»cheveux du Duc de Bordeaux. S. A. R. a accompagné ce
»présent des paroles les plus obligeantes, dites avec cette
»bonté et cette grâce qui lui sont particulières. Dans une lettre
»charmante, M.ᵐᵉ la Duchesse de Berry a daigné exprimer
»des regrets à M.ᵐᵉ Bayart et lui promettre sa constante
»protection ainsi qu'à son mari et à l'enfant qui devait
»avoir l'honneur d'être frère de lait de Mgr. le Duc de
»Bordeaux. Cette auguste princesse, qui se connaît si bien
»en courage, avait dit de ce lait qu'avait sucé son fils, que
»c'était du *lait courageux.* »

»A cette époque, la place de percepteur des contributions
à Armentières était vacante. Dans le même moment

(1) En effet, quoi de plus *singulier* que d'appeler une dame à une perception des contributions directes! Cependant, on le voit, si le journal
n'avait point été informé de *cette exception,* comment aurait-il signalé
dans sa feuille *cette faveur singulière?*

Mme Bayart dut renoncer à nourrir le Duc de Bordeaux ; c'est alors que devant s'éloigner de la famille royale, elle pria le Roi de lui donner cette place à titre de récompense et d'indemnité, de nommer M. Chardot son beau-frère, qui l'*exercerait pour elle*. Le Roi y consentit.

» Les pétitions adressées à la Duchesse de Berry, au Ministre des finances ; la lettre du Ministre au duc de Maillé, celle du duc de Duras à Bayart, prouvent que tout était connu de la famille royale et de la Cour ; que Chardot était nommé seulement dans les intérêts de Mme Bayart ; que si le Roi n'a pas connu le traité, puisqu'il est postérieur de six jours à la nomination, au moins il l'avait autorisé.

» Mais, dit-on, le Souverain ne peut pas faire ce que la loi défend ; or, les art. 1108, 1128, 1131 et 1598 du Code civil ne permettent pas de vendre des places, parce que les places ne sont pas susceptibles d'une propriété privée ; elles sont hors du commerce. D'abord, il n'est pas exact de dire qu'on ne peut pas vendre des places, puisque la loi du 28 avril 1816 permet la vente des places d'avocats à la Cour de Cassation, de notaires, d'avoués, d'huissiers, de commissaires-priseurs.

» Pourquoi donc ne pourrait-il en être de même d'une place de percepteur, *si le Roi y consentait ?* (Et l'on sait à quoi s'en tenir sur ce point, sans avoir besoin d'invoquer le témoignage des percepteurs des contributions.) Sans doute je ne puis vendre une place, traiter sur une démission, en ce sens que je n'ai point le droit d'imposer un choix au Souverain (*voyez la note page* 29) ; mais si je lui dis : « Sire, la place » que j'occupe m'a été donnée par vous, en récompense d'une » action d'éclat ; elle sert à élever mes enfans : aujourd'hui, » mon âge, mes infirmités ne me laissent plus la faculté de la » remplir ; me permettrez-vous de vous désigner un succes- » seur, de traiter avec lui ? Autrefois nous devions tout à votre » justice ; aujourd'hui nous devrons tout à votre bonté. »

» Et s'il y a assentiment du Monarque, le titulaire viendra

demander ensuite la nullité de ce traité comme immoral ? Flétrissez, Messieurs, par votre décision, l'ingrat qui ne craint pas de professer de pareilles doctrines devant la justice.

» Ne perdez pas de vue que le traité a été fait par Chardot six jours après sa nomination ; il ne pouvait donc plus lui être imposé : il l'a souscrit sans aucune espèce de contrainte, et cette circonstance me paraît décisive en faveur de Bayart.

» Si, comme le prétend l'adversaire, on ne peut faire aucun traité à l'occasion d'une place, que décideriez-vous, Messieurs, dans l'espèce suivante : Un individu se présente comme candidat à une place vacante ; ne pouvant se rendre à Paris, il écrit à l'un de ses amis : « Faites valoir mes titres au Ministre ; » n'épargnez ni soins, ni démarches, ni dépenses s'il le faut, » pour régulariser les pièces que je dois produire ; je vous » indemniserai. » S'il venait, après avoir été nommé, demander la nullité du traité qu'il aurait volontairement consenti, ne le condamneriez-vous pas à payer ? Eh bien ! il en doit être de même à l'égard de Chardot.

» On a cité différens arrêts des Cours de Bordeaux, de Nancy, de Paris, qui annullent des traités faits relativement à la démission d'une place. Ces arrêts me paraissent aller beaucoup trop loin, en ce qu'ils jugent que traiter sur la démission d'une place, c'est traiter directement sur la place elle-même. De notre côté, nous opposons à notre adversaire quatre arrêts des Cours de Bruxelles, de Grenoble, d'Amiens, un arrêt de la Cour de Cassation, qui décident en termes formels que faire un traité à l'occasion de la démission d'une place de percepteur, et pour laisser à un tiers les moyens de l'obtenir, ce n'est pas contrevenir à la loi. L'arrêt est ainsi conçu :

« Sur le deuxième moyen fondé sur la violation prétendue » des art. 1103, 1128 et 1598 du Code civil, attendu que l'arrêt » attaqué ne contient aucune disposition de laquelle on puisse » induire l'autorisation donnée à une vente d'une chose » placée hors du commerce, ou dont les lois aient prohibé

» l'aliénation au mépris des art. 1128 et 1598 ci-dessus
» invoqués ;

» Attendu que l'avantage d'une démission a pu devenir la
» matière d'un engagement et devenir l'objet certain sur lequel
» des stipulations se soient établies, sans qu'il y ait eu contra-
» vention à l'art. 1108 ainsi invoqué ;

» Rejette le pourvoi. »

» Cet arrêt est parfaitement applicable à la cause : ici la
place était donnée à M.ᵐᵉ Bayart ; dès lors la loi l'a consi-
dérée comme titulaire, et lui a permis de désigner une personne de sa famille qui gérerait pour elle ; il n'y a donc eu ni
erreur, ni fraude : tout a été fait en connaissance de cause ;
donc le traité exécuté pendant dix ans doit encore aujour-
d'hui recevoir son exécution.

» Mais, dit-on, Bayart n'est pas de bonne foi dans sa réclamation (1) ; il résulte de la lettre du 21 juin 1831, qu'il a
réduit la pension à 1,000 francs, puis à 900 francs, et aujour-
d'hui il demande 1,200 francs.

» Bayart était alors dans une situation prospère. Au moment du paiement, Chardot venait toujours le prier de lui

---

(1) N'est pas de bonne foi ! Et c'est Chardot, cet être dégradé, flétri par
l'opinion publique, ce *renieur* qui, suivant les lois anciennes, devrait être
condamné à avoir la langue percée d'un fer chaud, qui ose faire un pareil
reproche à un homme qui ne serait pas si à plaindre aujourd'hui s'il n'avait
pas eu tant *de bonne foi* dans l'exécution de ses obligations, s'il n'avait pas eu
tant de confiance dans la parole d'un parjure qui, pour se masquer jusqu'au
bout, affecte de parler un langage qu'il ne peut comprendre ! car *pour
paraître honnête homme, tout au moins il faut l'être !* Et comme *foi* signifie,
d'après le Dictionnaire universel, *fidélité, assurance, promesse, serment,
parole qu'on donne de faire quelque chose et de l'exécuter* : or, Chardot qui
a secoué tous ces liens de conscience (dit le Ministère public), peut-il
connaître la portée de semblables paroles ? Non, il veut seulement prouver
que Boileau avait raison quand il disait :

Que tel qui n'admet point la probité chez lui,
Souvent, à la rigueur, l'exige chez autrui.

faire une remise d'une partie de ce qu'il devait, et Bayart y consentait par désintéressement. Mais aujourd'hui il a tout perdu, crédit, fortune, place, faveur; tout lui a été enlevé par la tempête politique, il ne lui est plus possible d'être généreux.

» Vous connaissez maintenant toute la cause, dit en terminant M.ᵉ Doyen; si, pendant les quinze années de la Restauration, mon client a abusé de sa position pour spéculer sur les places; s'il s'est enrichi d'une manière scandaleuse; s'il n'avait aucun droit aux faveurs royales, frappez sa demande d'anathême, frappez-le dans sa personne, dans sa femme, dans ses enfans. Mais si, après être sorti des fonctions publiques, il ne lui est resté que l'honneur et une noble indigence, s'il n'a plus d'autres secours, pour élever sa famille, que la pension qu'il réclame aujourd'hui d'un homme déloyal, d'un frère ingrat, sanctionnez sa demande par votre décision; vous aurez proclamé le triomphe de la justice et de l'équité. »

M. Delespaul, Avocat du Roi, prend la parole et dit:

« Messieurs,

» Le 1.ᵉʳ novembre 1820, traité par lequel Chardot reconnaît que la place de percepteur a été donnée à son frère Bayart, et que si la perception a été mise en son nom, ce n'a été que par convenance, à cause de l'incompatibilité des fonctions de percepteur avec celles de notaire que son frère exerçait alors; il déclare *expressément* qu'il exercera la perception comme si son frère était lui-même titulaire; et, pour le récompenser de la faveur qu'il lui a accordée de le faire nommer, il s'engage : 1.° à lui payer solidairement, avec son épouse qu'il autorise à cet effet, une somme de 1,200 francs, sans aucune retenue, et à dater du jour de sa nomination; 2.° à lui faire abandon de tout le produit des recettes pendant la première année de son exercice; et 3.° enfin, à lui payer

une somme de 5oo fr. dans les trois premiers mois qui suivront la seconde année.

» Ce traité garde le silence *le plus absolu* sur la question de
savoir si l'engagement de Chardot vis-à-vis son beau-frère
prendra fin, dans le cas où celui-ci serait appelé à des fonctions publiques quelconques (telles que celles de garde-
magasin des tabacs à Lille) ; Chardot a essayé de faire résulter
une fin de non-recevoir d'un des passages que lui écrivit son
beau-frère à la mi-octobre ; mais pour tirer une pareille
conséquence de la lettre, il faut un travail d'esprit bien opiniâtre, disons le mot, une complaisance bien grande pour y
apercevoir des choses qu'elle ne dit nullement, qu'elle ne
laisse *même pas entrevoir*.

» Le traité entre Bayart et Chardot est postérieur de six
jours à la nomination du dernier ; mais il avait été précédé,
comme on vient de le voir, de pourparlers antérieurs, d'engagemens pris avant cette nomination.

» A-t-il été donné connaissance du traité au Souverain ou
à son Ministre ? Non, puisque la date du traité est postérieure
à celle de la promotion ; mais *toutes les circonstances de la
cause, mais toutes les pièces du procès, notamment les deux pétitions
de Mme Bayart au Ministre des finances et à* Madame, *Duchesse
de Berry*, pétitions dans lesquelles il est dit que Chardot *exercera au nom de la suppliante,* si le Ministre daigne y consentir.

» *Tout indique en un mot* quelle a été l'intention du Gouvernement d'alors en appelant Chardot aux fonctions de percepteur. Ce fut de *récompenser Mme Bayart dans la personne de
son beau-frère, des services que cette dame avait rendus à la famille
royale en* 1815 ; ce fut *de ne point infliger l'humiliation d'un refus
à la nourrice du Duc de Bordeaux.* Au reste, que le Gouvernement
ait eu ou non connaissance du traité ou du projet de traité
entre les deux beaux-frères, c'est une circonstance qui inté-
resse seulement le côté moral de la question sur laquelle ce
Tribunal doit statuer, mais qui n'est et ne peut être d'aucune

influence sur la question légale du procès, parce que celle-là
ne peut se résoudre que les yeux fixés sur la loi elle-même
et sur la loi seulement.

» De 1820 à 1830 Chardot a rempli ses engagemens envers
Bayart; il paraît même que celui-ci se contentait, au lieu
d'une somme de 1,200 francs, de ne recevoir chaque année
que 1,000 francs, et même 900 francs seulement; mais à
partir de la révolution de juillet, tous paiemens ont cessé.
Chardot, *abusant* de la position où la confiance aveugle de son
beau-frère l'avait placé, *sauta effrontément des barricades sur
son fauteuil* (pour me servir du langage pittoresque de Bayart),
prétendant qu'il ne lui devait plus rien. C'est alors que Bayart
lui écrivit cette lettre, vrai chef-d'œuvre de style; cette lettre,
dans laquelle il faisait un appel si touchant à la générosité, à la
sensibilité, à la pitié d'un beau-frère ingrat envers son bienfaiteur malheureux. Bayart proposait à Chardot de soumettre la
question à des arbitres; Chardot répondit par un dur refus. Cité
en conciliation devant M. le Juge de paix, Chardot fit répondre
qu'il n'y avait pas lieu à conciliation (1). Messieurs, profiter
de la position que le hasard nous donne, je dis le hasard,
car en 1820 qui aurait pu prévoir les événemens qui se sont
accomplis depuis? profiter, dis-je, de sa position pour dé-
cliner une obligation naturelle, pour secouer un lien de
conscience, pour nier ce que les hommes de tous les partis,
de toutes les conditions sont convenus d'appeler une dette
d'honneur, est-ce faire une chose honnête? Non, c'est faire
une action malhonnête, c'est faire une chose odieuse, une
chose ignominieuse; car entre gens d'honneur, une convention est une chose sacrée. De la part de Chardot, c'est une
conduite pire que celle qu'a tenue dans le temps M. Forbin-
Janson niant une dette de bourse, refusant au malheureux
Pardonnet le prix des avances que cet agent de change avait

(1) Voyez à cet astérique [*] page 13.

faites pour lui; car M. Forbin-Janson ne devait que l'argent à Pardonnet, et Chardot doit à son beau-frère quelque chose de plus : la reconnaissance ! »

A la suite de cet exposé, M. le Procureur du Roi cherche à démontrer qu'en droit, le traité passé entre Bayart et Chardot est frappé de nullité, et après avoir jeté un blâme sévère sur la conduite de Chardot, il continue en ces termes :

« Ceci m'amène naturellement à la question litigieuse, la véritable question du procès, celle de savoir si c'est faire une chose licite que de promettre et d'assurer son crédit à quelqu'un pour de l'argent *(voyez la note page 29)*, que de s'engager envers quelqu'un à lui faire obtenir une place à l'aide du crédit dont on jouit, *moyennant une somme d'argent convenue d'avance.*

»Je dis que non, Messieurs; et pourquoi cela? par la raison qu'en donne M. Toullier dans son tome 6, N.° 161. Aussi Bayart a-t-il été contraint de battre en retraite sur le terrain des *principes*, et s'est-il réfugié dans les faits *particuliers* du procès. Il vous a dit : « Mais j'ai agi à découvert, mais le » Comte d'Artois savait tout, mais le Ministre savait tout aussi. »

»Qu'importe, au reste, que le Gouvernement ait su ou ignoré ce qui s'est passé; est-ce qu'il n'y a pas une puissance supérieure au Roi lui-même? Oui, Messieurs, c'est celle dont vous avez l'honneur d'être les organes, c'est la Loi !

»Ou le traité du 1.er novembre est licite, ou il est illicite. S'il est licite, il n'a besoin, pour produire ses effets légaux, que de l'adhésion des contractans eux-mêmes. S'il est illicite, ce n'est ni l'approbation de Sa Majesté, ni celle du frère de Sa Majesté ou des Ministres de Sa Majesté qui le validera. Approuvé ou non, il est nul, de nul effet, et ne pourra obtenir la sanction des tribunaux. »

Ici M. le Procureur cite à l'appui de son opinion plusieurs autorités; il remonte à l'année 1407, passe en revue toutes les ordonnances portées par nos Rois depuis Charles VII jusqu'au règne de Louis XVI. Il invoque aussi en sa faveur les dispositions du Code civil, et termine en ces termes :

« Mais, dit le S.ᵣ Bayart, je n'ai point vendu *une place*. » Non ? et qu'avez-vous donc fait ? Pour récompenser mon » frère, est-il dit dans l'acte du 1.ᵉʳ novembre, et me con- » former aux intentions exprimées antérieurement; pour ré- » compenser mon frère *de la faveur qu'il m'a accordée de me faire* » *nommer, je m'engage* à lui payer une somme de 1,200 francs » annuellement; plus, etc. (1). » Et ce n'est pas là vendre du crédit, s'engager pour de l'argent à procurer une place à quelqu'un ?

» Mais (et c'est là le grand argument de Bayart sur lequel son défenseur a insisté avec le plus de complaisance), l'avantage d'une démission peut être la matière d'un engagement licite. D'abord cette proposition est-elle bien exacte ? Il est vrai qu'un arrêt de la Cour de Cassation du 2 mars 1825 a jugé l'affirmative; mais la question continue à être l'objet de vives controverses, et l'arrêt du 2 mars est loin de rallier tous les

(1) Si au lieu de cette clause qu'on lit dans le traité : « *Pour récompenser* » *mon frère de la faveur qu'il m'a accordée, je m'engage, etc.,* » on l'avait rédigée en ces termes : « Pour dédommager M.ᵐᵉ Bayart du sacrifice » qu'elle fait aujourd'hui *en ma faveur,* en renonçant à demander pour elle » des marques de bontés des princes et de l'illustre mère de son auguste » nourrisson, je déclare remettre, etc., » le reproche que semble faire M. le Procureur du Roi à M. Bayart eût-il été fondé ?.... Eh bien ! ce n'est ni une traduction, ni une interprétation, c'est précisément le texte même du traité (*voyez la lettre du 15 octobre, rapportée plus haut, page 12*), texte sur lequel Chardot, dans son aveuglement, a cru échafauder son système de défense, mais qui a été renversé, admonesté, censuré, pour ne pas dire plus, par le Ministère public. On va répéter ici le passage du réquisitoire du Procureur du Roi : « Chardot a essayé, dit-il, de faire résulter une fin de » non-recevoir d'un des passages de la lettre que lui écrivit son beau-frère à la » mi-octobre; mais pour tirer une pareille conséquence de la lettre, il faut » un travail d'esprit bien opiniâtre, disons le mot, une complaisance bien » grande pour y apercevoir des choses qu'elle ne dit nullement, qu'elle ne » laisse même pas entrevoir. »

suffrages : les Cours de Paris , de Bordeaux, de Lyon, de Nancy, dont les arrêts sont tous ou *presque tous* postérieurs à celui de la Cour de Cassation, ont maintenu le système de la nullité.

» Mais admettons, j'y consens, que l'avantage d'une démission puisse être une cause de stipulation valable ; peut-on conclure de là, Messieurs, qu'une convention ayant pour objet de faire obtenir une place à quelqu'un, moyennant le don ou la promesse d'une somme d'argent, soit licite ? C'est la négative que je soutiens. En effet, les deux cas sont loin d'être identiques ; dans le premier, celui où l'on vend sa démission, la convention ne porte pas sur la place elle-même, le démettant ne dit pas : « Je vends ma place, je promets » que vous serez nommé, » (ce serait promettre le fait du Roi) ; il dit seulement : « Je quitte un emploi lucratif, je résigne » un office avantageux ; ma retraite est un fait à moi per- » sonnel et que votre proposition détermine (1). »

» Dans le second cas, au contraire, celui où la convention tend à faire un emploi, elle porte une atteinte directe aux droits du Gouvernement, dont elle a pour objet de forcer la libre action ; elle gêne, elle engage le choix du Souverain et la prérogative royale.

» Vos convictions sont arrêtées, Messieurs (dit en terminant le Procureur du Roi) ; le traité conclu le 1.er novembre 1820, entre Bayart et Chardot, est nul ; il est nul comme

_____

(1) Dans l'espèce, M.me Bayart a-t-elle sollicité et obtenu une place pour Chardot ? Non ; tout prouve, au contraire, qu'elle a commencé par demander cette perception au Ministre pour *elle*, et non pour Chardot ; et que ce n'est qu'après l'avoir obtenue qu'elle désigna son beau-frère, avec qui elle s'est entendue *postérieurement*, comme le reconnaît M. le Procureur du Roi. Or, est-ce là *intriguer* ou *vendre* son crédit, gêner, *engager le choix du Souverain*, quand c'est lui-même qui s'est prêté à cet arrangement ? Non, mille fois non ! C'est *résigner un office avantageux*, c'est donner sa démission au profit de Chardot, dans le sens que le demande le Ministère public. (*Voyez la note page 5.*)

contraire à l'ordre public, comme contraire aux lois qui
défendent la vénalité des charges, comme portant sur des
droits dont la disposition n'appartient pas aux citoyens,
mais qui sont réglés par les lois constitutionnelles; comme
renfermant une atteinte directe aux droits du Souverain et
à la prérogative royale. De pareilles conventions ne peuvent
subsister; elles ne peuvent recevoir la sanction des tribunaux,
l'approbation de la justice.

» Vous les anéantirez, Messieurs; mais en donnant gain de
cause à Chardot, nous espérons bien que vous traiterez l'ingrat comme il le mérite : dans les considérations de votre
décision, vous lui direz qu'il a manqué à un engagement
qu'il sait bien au fond de sa conscience avoir contracté,
avoir exécuté pendant dix ans; qu'il n'a pas craint de se
soustraire à une obligation qui l'enchaînait dans le for intérieur; vous ne ferez en cela que ce que fit dans une espèce
beaucoup moins favorable, la Cour royale de Paris, le 8 novembre 1825, dans l'affaire de Sijourné contre Jurès.

« Considérant, est-il dit dans cet arrêt, que l'engagement
» de Sijourné, qui l'oblige dans le for intérieur, ne saurait
» obtenir son exécution de l'autorité publique, au préjudice
» de laquelle il a été contracté, etc., etc. » (DALLOZ, 1826,
2.ᵉ partie, page 44.)

» Vous vous direz à vous-mêmes, vous penserez avec nous
qu'il vaut mieux perdre son procès comme Bayart que de le
gagner comme Chardot : vous flétrirez l'ingrat (s'écrie en
terminant le Ministère public); car lui donner gain de cause,
c'est le flétrir. »

Conformément à ces conclusions, le Tribunal, sous la pré-
sidence de M. Josson, a rendu, après une courte délibération,
un jugement par lequel, tout en reconnaissant que Chardot
pourrait être obligé dans le for intérieur, il a considéré qu'il
était d'ordre public de ne pouvoir donner son appui à M. Bayart,
et en conséquence il a rejeté la demande de ce dernier.

Après avoir lu les débats de ce procès, les pièces à l'appui, les conclusions du Procureur du Roi et les considérations du jugement, qui sont autant d'hommages que l'on rend à la loyauté des époux Bayart et à leurs vertus publiques et privées, qui grandissent encore aux yeux de toutes les opinions, de tous les hommes de bien ; quand on considère ce que les demandeurs ont été, ce qu'ils pouvaient être et ce qu'ils sont devenus, parce qu'ils ne savaient qu'aimer mais non trahir, qu'ils sont restés courtisans du malheur (1), et qu'ils préfèrent le supplice *de la faim plutôt que de demander l'aumône* (2) ; après, dis-je, une pareille lecture, que penser de l'issue de la cause ?.... Quoi ! on dira : « Quand *la loi* parle, » il faut que la nature se taise ; il faut étouffer tous les sen- » timens qu'enseigne la morale, base et appui de tous les » intérêts sociaux ! » *La loi*, dites-vous, hélas ! c'est vous qui la faites !.... Et, ce qui est plus déplorable encore, c'est au *nom de la loi* que l'on condamne l'innocence, que l'on pro-

---

(1) M.ᵐᵉ Bayart est allée trois fois visiter ses anciens bienfaiteurs et maîtres depuis qu'ils sont exilés, pour leur dire avec la franchise de son caractère et l'indépendance que lui donne sa noble pauvreté, « qu'aussi » long-temps qu'ils environneront Henri V d'hommes antipathiques à la » nation, on considérera toujours l'auguste enfant comme le Roi futur d'une » faction et non du peuple français. » *(Lettre que M.ᵐᵉ Bayart écrivit de New-Castle, le 6 février 1831, à Madame, Duchesse de Berri, après avoir erré trois jours dans les neiges qui couvraient les montagnes d'Écosse.)* Son mari, peu après, se rendit en Italie, près de cette princesse, pour unir ses efforts aux siens, afin de s'opposer à une invasion étrangère, et surtout au fléau d'une guerre civile, dont S. A. R. déplorerait les conséquences. Ces démarches, toutes françaises, furent faites à la face du soleil ; le Gouvernement, qui les connut, ne lui en eut pas mauvais gré.

(2) M.ᵐᵉ Bayart renvoya l'argent que la Reine des Français, dont le cœur est porté à la bienfaisance, lui fit offrir ; et plus tard, elle se refusa de produire le *certificat d'indigence* que lui réclamait la Commission chargée de la distribution des secours aux pensionnaires de la liste civile, dans la crainte d'affliger une auguste famille qui ne pourrait, sans pleurer, voir *la nourrice d'un Roi* réduite à cette humiliation !

clame le triomphe de celui que l'on est obligé de *flétrir !* Il semble que la Justice a échangé sa balance contre la roue de la Fortune aveugle, de laquelle, pour la honte de l'humanité, il ne sort que des N.os *gagnans* pour le crime. Et, ce qui est plus affligeant, c'est que l'on ne trouve pas dans *la loi* de châtiment pour le parjure : serait-ce, qu'autres Solons, les législateurs ne voulurent point faire *de lois* contre les *ingrats* parce qu'ils ne croyaient pas qu'il pût y en avoir ? En ce cas, cela nous consolerait ; mais, en attendant *cette loi* salutaire, où Chardot se réfugiera-t-il ? Dans sa conscience ? il n'en a pas. Dans son administration ? il en sera chassé. Dans la société ? elle le repousse !....

IMPRIMERIE DE LELEUX, A LILLE.

www.ingramcontent.com/pod-product-compliance
Lightning Source LLC
Chambersburg PA
CBHW070748210326
41520CB00016B/4625